# Der Basenji
# (Das kleine wilde Ding aus dem Busch)

## Rasseprofil und Anekdoten

## Karin Gether

*Für meinen Sohn Paul*

*Ich komme gleich wieder, ergibt für einen Hund keinen Sinn.*
*Alles, was er weiß, ist, dass du fort bist.*

(Jane Swa)

# Der Basenji

## (Das kleine wilde Ding aus dem Busch)

### Rasseprofil und Anekdoten

Karin Gether

Ein Buch aus dem WAGNER VERLAG

Korrektorat: Marianne Günther
Umschlaggestaltung: Wagner Verlag

1. Auflage

ISBN: 978-3-95630-401-9

**Bibliografische Information der Deutschen Nationalbibliothek:**
Die Deutsche Nationalbibliothek verzeichnet diese Publikation in der Deutschen Nationalbibliografie; detaillierte bibliografische Daten sind im Internet über http://dnb.d-nb.de abrufbar.

Copyright © 2015
**Wagner Verlag | Ein Unternehmen der verlagoo mws GmbH i. G.**
Langgasse 2, D-63571 Gelnhausen
www.wagner-verlag.de
Geschäftsführerin: Andrea Carmen Manes
info@wagner-verlag.de

Neue Bücher kosten überall gleich viel.
Wir verwenden nur FSC-zertifiziertes Papier.

Das Werk ist einschließlich aller seiner Teile urheberrechtlich geschützt. Jede Verwertung und Vervielfältigung des Werkes ist ohne Zustimmung des Verlages unzulässig und strafbar. Alle Rechte, auch die des auszugsweisen Nachdrucks und der Übersetzung, sind vorbehalten! Ohne ausdrückliche schriftliche Erlaubnis des Verlages darf das Werk, auch nicht Teile daraus, weder reproduziert, übertragen noch kopiert werden, wie zum Beispiel manuell oder mithilfe elektronischer und mechanischer Systeme inklusive Fotokopieren, Bandaufzeichnung und Datenspeicherung. Zuwiderhandlung verpflichtet zu Schadenersatz. Wagner Verlag ist eine eingetragene Marke.
Alle im Buch enthaltenen Angaben, Ergebnisse usw. wurden vom Autor nach bestem Wissen erstellt. Sie erfolgen ohne jegliche Verpflichtung oder Garantie des Verlages. Er übernimmt deshalb keinerlei Verantwortung und Haftung für etwa vorhandene Unrichtigkeiten.

# Rasseprofil

## Inhalt                                                    Seite

Vorwort ................................................................ 08

Seine Geschichte ................................................. 08

Sein Äußeres ....................................................... 08

Sein Wesen .......................................................... 09

Der Umgang mit Basenjis ................................... 11

Seine (Körper)Sprache ....................................... 12

Sozialisierung und Aktivitäten ........................... 13

Die Ernährung .................................................... 16

Für Hunde giftig! ................................................ 17

Gesundheit .......................................................... 18

Hausapotheke ..................................................... 20

Das Gebiss ........................................................... 21

Nachwort ............................................................. 22

Der Wolf im Hund .............................................. 22

**Vorwort**

Alle Hunde (egal welcher Rasse) haben das gleiche Genmaterial. Die Rassen haben sich durch Züchtungen erst im Laufe des 18. oder 19. Jahrhunderts entwickelt. Die Ausnahmen: Dingos (Australien) und Basenjis (Zentralafrika) haben ihr „eigenes Genmaterial".

**Seine Geschichte**

Die Rasse ist vermutlich einige 1000 Jahre alt und wurde im Zuge der Völkerwanderung mit viehzüchtenden Nomaden aus Asien das Niltal aufwärts nach Afrika gebracht. Später wurden die Basenjis dort „sesshaft" und bewahrten durch die Isolierung von anderen Hunden ihr eigenes typisches Verhalten, das sie von anderen europäischen Haushunderassen deutlich unterscheidet. Noch heute werden in bestimmten Teilen Afrikas Basenjis als Fleischlieferanten vermehrt.
Erst in der ersten Hälfte des 20. Jahrhunderts wurde der Basenji über England nach Europa gebracht. Auch jahrzehntelange Züchtung konnte die Rasse nicht entscheidend verändern (auszugsweise: „Rasseportrait", „Unser Hund", ÖKV 2011).

**Sein Äußeres**

Er hat die angenehme Größe von 40 – 45 cm bei einem Gewicht von 9 – 12 kg.
Basenjis sind sehr reinlich, putzen sich nach Spaziergängen ausgiebig, bevor sie sich zur Ruhe legen. Ihr kurzes Fell hat nahezu keinen Eigengeruch, auch das älterer Hunde nicht.

Außer zum Jahreszeitenwechsel verlieren sie fast kein Haar und werden deshalb auch von Allergikern bevorzugt.
Das Fell ist kurz und seidig mit kaum Unterwolle; in den Farben rot-weiß, schwarz-weiß, schwarz-weiß-loh (tricolor) und gestromt (brindle).

**Sein Wesen**

- Wie die Wölfe oder andere Wildhunde werden Basenji-Hündinnen in der Regel nur einmal im Jahr läufig, meist im Herbst, tragen 60-62 Tage, sodass die Welpen um die Weihnachtszeit auf die Welt kommen.
- Wir halten hier einen „primitiven" (urtümlichen) Hund, sehr selbstständig, seinem „Menschen-Rudel" jedoch eng verbunden, beinahe katzenartig in seinem Verhalten, zurückhaltend und vorsichtig, jedoch keineswegs scheu, körperlich und seelisch robust, flink, unter seinesgleichen sehr verspielt bis ins hohe Alter, bewegungsbedürftig, geschickt im Laufen, Klettern und Springen, muskulös, aber nicht schwer.
- Das Rudelverhalten ist ausgeprägt.
- Der Jagdtrieb, meist stark, dient in der Natur der Nahrungsbeschaffung und kann NICHT unterdrückt oder gar abgeschafft werden.
- Basenjis sind sehr gelehrig, wenn sie einen „Sinn" hinter der Sache sehen.
- Hingegen ist ihnen artspezifisches Verhalten nicht abzugewöhnen.
- Sie lieben ihr menschliches Rudel und fühlen sich am wohlsten, wenn alle zusammen sind (ein Basenji bleibt nicht gern allein).

- Im Haus geben sie sich absolut gelassen und ruhig (vorausgesetzt, man bietet regelmäßige und ausreichende Bewegung), bei geschlossenen Fenstern und Türen reagieren sie auch nicht auf Hundegebell oder direkten Lärm am Gartenzaun.
- Allein in den Garten gesperrt, würden sie bei jeder Bewegung nervös aufspringen und nie zur Ruhe kommen; der Basenji „nützt" den Garten nur gemeinsam mit dem Menschen und hilft auch schon mal beim Ein- und Ausgraben von Pflanzen.
- Separiert er sich vom „Rudel" (Mensch und Tier) und verzieht sich auf seinen Ruheplatz (unter Bank, Tisch oder in sein Körbchen), möchte er auf gar keinen Fall dort gestört werden und kann aggressiv, sogar gegenüber Familienmitgliedern, reagieren, wenn man ihn belästigt: Er möchte seine Ruhephasen respektiert haben!
- Der Basenji wird natürlich versuchen, sich so viele attraktive Plätze wie nur möglich zu erobern (Couch, Bett usw.), und sogar versuchen, wenn er einmal dort liegt, den Menschen durch Knurren zu „verscheuchen"; dem sollte man unbedingt entgegenwirken, wenn es sein muss, ihn eben 10-mal von der Couch schmeißen, damit er lernt: Auch die Menschen haben Rechte und ihren Platz und „wenn ich brav bin, darf ich vielleicht dazu", oder auch nicht.
- Basenjis sind wasserscheu, bei Regen gehen sie ungern spazieren, machen um Pfützen einen Bogen und oft nicht einmal ihr „Geschäft", wenn damit noch zugewartet werden kann. Bei warmen Temperaturen gehen sie jedoch gerne bis zum Ellenbogen in den Bach und spielen mit Treibgut; schwimmen würden sie nur, wenn sie plötzlich Boden unter den

Pfoten verlieren, aber NIE, um vielleicht Herrchen oder Frauchen zu retten!
- Basenjis haben keine Unterwolle, frieren daher unter minus 5 Grad und sollten bei wenig Bewegung oder starkem Wind ein Mäntelchen bekommen; im Freilauf stört sie weder Schnee noch Eis, da wird ein Kälteschutz nur bei starkem Wind notwendig.
- Die Pfoten sind empfindlicher als bei anderen Rassen und sollten nach Spaziergängen auf salzigen Straßen immer gewaschen und gelegentlich auch gesalbt werden.
- Im jungen Alter reagieren sie auf gedüngte oder gespritzte Felder empfindlich, oft sogar mit Hautausschlägen; dem begegnet man am besten mit regelmäßigem warmem Abduschen nach dem Spaziergang und mit Zinksalbe auf die geröteten Stellen.

**Der Umgang mit Basenjis**

- Basenjis brauchen eine starke, selbstsichere Führung durch den Menschen, sonst übernehmen sie selbst bald „das Ruder". Mit Geduld, Konsequenz und trickreichen Übungen kann man auch den „urigsten" Basenji erziehen und ihm gutes Benehmen beibringen, sodass er nicht ständig an der Leine gehalten werden muss, was mit der Zeit jeden Basenji, auch den freundlichsten Haushund, deprimiert.
- Mit Gewalt kann bei Basenjis nichts erreicht werden, auf Schläge reagieren sie aggressiv.
- Spielende Kinder wecken das natürliche Beuteverhalten, wenn Basenjis nicht an Kinder gewöhnt sind.
- Obwohl familienfreundlich, würde ich den Basenji nicht als „Beschützer" der Kinder empfehlen!

- Fremden begegnet der Basenji interessiert und furchtlos.
- Das Darüberbeugen (ist bedrohlich aus Sicht des Hundes) oder gar die Berührung am Kopf sollte von Fremden unbedingt unterlassen werden (im Rudel begrüßen sich die Artgenossen auch nicht durch Pfote auf den Kopf).
- Es kann viele Begegnungen zwischen Basenji und Mensch dauern, bis der Basenji sich ohne Weiteres streicheln lässt.
- Leinenführigkeit muss wie bei allen Hunderassen geübt werden; mit Geduld funktioniert dies auch bei Basenjis. Es gilt: Je weiter der Basenji vom Hundeführer entfernt geht, desto mehr zieht er. Daher finde ich die Flexileine in Kombination mit Brustgeschirr als vollkommen ungeeignet. Der Hund hat auf diese Art kaum Verbindung mit seinem Hundeführer und kann gar nicht wissen, was gerade im Moment von ihm verlangt wird. Ich verwende breite Halsbänder und Zwei-Meter-Leinen und führe mittlerweile drei Basenjis an einer Hand.

**Seine (Körper)Sprache**

- Ohren breit gestellt, heißt Vorsicht, Hund will NICHT berührt werden.
- Leises Knurren ist schon höchste Alarmstufe.
- Ohren aufgestellt und nach vorne gerichtet, bedeutet höchste Aufmerksamkeit,
- gefolgt von Vorderpfote heben: bereit zum „Absprung".
- Ohren nach hinten gerichtet, zeigt seine Ablehnung, bereit zum Abdrehen, aber auch höchste Konzentra-

tion, schmecken, „nachdenken" – „ich habe was ganz Interessantes gerochen".
- Zähneklappern: Erregung oder: „Da war eine läufige Hündin."
- Übers Maul schlecken ist gleich Beschwichtigung bzw. Basenji will gelobt werden.
- Basenjis können bellen, tun es aber nicht, jedenfalls nicht in der Form wie alle anderen Haushunde (nämlich mit aufeinanderfolgendem Wau); sie haben jedoch ein an Frequenzen reiches Repertoire an Lautäußerungen, welches von Hund zu Hund stark variiert und vom Besitzer erst „erlernt" werden muss, bevor er es „übersetzen" kann – sie „unterhalten" sich stimmlich mit ihrem Besitzer.

**Sozialisierung und Aktivitäten**

- An Straßenverkehr muss der Basenji gewöhnt werden, es kann lange dauern, bis sich der Basenji durch entgegenkommende Fahrzeuge nicht mehr angegriffen fühlt und einigermaßen gelassen an der Leine geht.
- Autos stellen für den Basenji keine natürliche Gefahr dar und sind deshalb leider sehr oft dessen Todesurteil, vor allem, wenn sein „Verstand" aussetzt und er einem Tier hinterherjagt.
- Auf bellende, auf und ab laufende Hunde hinter einem Zaun reagiert der Basenji meist sehr gelassen, natürlich mit Ausnahmen, manchmal reicht schon stumme Kommunikation zwischen den Vierbeinern, damit der Basenji diesseits des Zaunes ausrastet. Auch an solchen (immer gleichen) Stellen kann man mit dem Basenji Gelassenheit üben, indem man erstens selbst Gelassenheit und Selbstsicherheit zeigt

und diese verbal vermittelt, und zweitens (nicht minder wichtig) mit Leckerli belohnt und lockt.
- Die größte Freude macht man seinem Basenji mit gemeinsamen Unternehmungen, dort, wo man es sich leisten kann, OHNE Leine zu gehen, also Bergwanderungen auf Almen, ohne steile Felswände, wo die Verfolgung einer Gämse tödlich enden könnte. Je größer die Gruppe, desto eher bleibt der Basenji beim Menschen und entfernt sich höchstens auf Sichtweite: Er will ja nicht alleine gehen. Jedes Abenteuer schweißt Hund und Mensch enger zusammen, und sie werden echte Kameraden.
- Kuhherden solle man ausweichen, denn liegende Kühe (welche durch Fersenbiss zum Aufstehen gebracht werden) oder gar neugeborene Kälbchen wecken im frechen Basenji den Spiel- und Verfolgungstrieb. Kein Bauer sieht das gerne, und galoppierende Kühe können für uns Menschen gefährlich werden. Es gilt: Bei eingezäunten Weiden, Hunde an die Leine nehmen, ohne Weidezaun, eher Leinen los, damit der Hund im Notfall weglaufen kann. Ausgerüstet mit einem Stock, sichern wir Menschen uns den Respekt der Kühe.
- Läuft unser Basenji einmal weg, weil Wild gesichtet oder gerochen, hilft kein Rufen oder Pfeifen, man kann nur warten, bis Basenji „eingesehen" hat, dass das Wild nicht zu kriegen ist – was je nach Veranlagung und Wegbeschaffenheit bis zu 45 Minuten dauern kann. Aber der Basenji kommt IMMER und findet IMMER zurück, und wenn es seine letzten Kräfte kostet, aber irgendwann erinnert er sich auch im spannendsten Gelände an seinen Kameraden, den Menschen, und freut sich ungemein, wenn er

endlich wieder das geliebte Gesicht sieht und die erfreute Stimme hört, die ihn herzlich begrüßt!
- Apportieren und Ballspiele interessieren den erwachsenen Basenji kaum, auch Hundezonen ohne Laufhunde sind nach ein paar Minuten uninteressant. Man sagt: Ein Basenji bleibt selten allein! Weil er in anderen Hunden kaum einen ebenbürtigen Gefährten sieht (ausgenommen vielleicht Windhunde), nehmen sich viele Besitzer früher oder später einen zweiten Basenji.
- Welpen müssen so früh wie möglich an andere Hunde aller Altersgruppen gewöhnt werden, dies sollte ohne Leine erfolgen.
- Es ist schwer, eine Hundeschule zu finden, in welcher die Trainer wissen, was ein Basenji ist, was man von ihm erwarten oder verlangen kann. Trotzdem ist es wichtig, bereits im Welpenalter mit dem Training zu beginnen. Es sollte uns ein Anliegen sein, ihn zu sozialisieren, die Bindung zu stärken, ihn Disziplin zu lehren und abzuwägen, ob er Spaß an Folgekursen hat.
- Basenjis reagieren auf andere Basenjis nicht immer erfreut. Sollte es zum Kampf kommen, gilt vorerst: WEG vom eigenen Hund(!), damit er nicht den Schutz der Beine hat. Wenn die Situation nach eigenem Ermessen zu gefährlich wird (was selten der Fall ist) muss man die Hunde trennen, aber VORSICHT, wenn sich die Hunde bereits ineinander verbissen haben, dann ist die Verletzungsgefahr durch das „Auseinanderzerren" der Kämpfer oft größer als durch ihr eigenes Beißen. Oft trennen sie sich gleich wieder von alleine und einer der beiden akzeptiert die Überlegenheit des anderen. Wieder

sind Selbstsicherheit und die starken Nerven des Besitzers gefragt, der auch gerne einen Kübel Wasser über die Streithähne schütten darf – das wirkt garantiert.
- Bösartig schnappende, aggressive Basenjis sind eher das Produkt ungenügender Sozialisierung und falscher oder sogar fehlender Erziehung.

## Die Ernährung

Basenjis sind wahre „Müllschlucker", sie werden in ihrer Heimat auch zur Abfallbeseitigung gehalten. Sie können nicht unterscheiden, was für sie gut oder schlecht ist: Hauptsache Futter!
Ernährungsfehler und zu wenig Bewegung können leicht zu Fettleibigkeit führen.
- Ratsam ist die Beschränkung auf zwei, maximal drei Fleischsorten 70 %,
- dazu 30 % Obst, Gemüse, Wildkräuter (Löwenzahn, Petersilie, Spitzwegerich, Beinwell, Schafgarbe, Vogelmiere) oder der Einfachheit halber eingeweichte Gemüseflocken aus der Tierhandlung. In der Natur haben Basenjis auch nicht jeden Tag Fleisch am Menüplan, aber auch keine Nudeln oder gekochten Reis.
- Es empfiehlt sich z. B. Lamm und/oder Fisch für eine allfällige Eliminierungsdiät aufzuheben. Bei dem heutigen (Über)Angebot an verschiedenen Futtermitteln wird nämlich vergessen, dass im Falle von ungeklärten Haut- oder Stoffwechselerkrankungen eine Diät nicht mehr verordnet werden kann, weil das Tier schon an ein reichhaltiges Futterangebot gewöhnt ist.

- Meine Basenjis werden gebarft. B.A.R.F. steht für artgerechte Rohernährung, bestehend aus 70 % Frischfleisch, Innereien, Knochen, Knorpel, Pansen, Blättermagen etc. und 30 % Gemüse, Obst und Kräutern, sowie Lachs-Öl (Omega Q3 und Q6 für Haut, Haar und Herz) und Calciumpulver zum Ausgleich des evtl. zu hohen Phosphorgehaltes in der Nahrung. Im Internet findet man die Adressen jener Firmen, die sich auf Produktion und Versand von Frischfleisch, tiefgekühlt und portioniert verpackt, spezialisiert haben.

**Nachstehende <u>Nahrungsmittel</u> sind für Hunde <u>unverträglich bis giftig</u>!** (Bericht erschienen in der Zeitschrift „Unser Hund", ÖKV 2012):

- Nachtschattengewächse, z. B. rohe Kartoffeln, auch Kartoffelwasser, Melanzani, Tomaten: Giftstoffe: Alkaloide; Symptome: Erbrechen, Schleimhautentzündung, Störung der Gehirnfunktionen.
- Rohe Bohnen: Giftstoff: Phasin, ein Protein, das rote Blutkörperchen verklebt; Symptome: Erbrechen, Durchfall.
- Schokolade: giftige Dosis, je nach Kakaoanteil, 8 bis 60 g pro kg Körpergewicht; Giftstoff: Theobromin; es sind Todesfälle bekannt.
- Weintrauben und Rosinen: giftige Dosis: ca. 100 g pro kg Körpergewicht; Folge: erhöhte Kalziumwerte im Blut, Nierenversagen; Symptome: Erbrechen, Durchfall, Lethargie.
- Zwiebeln und Knoblauch: giftige Dosis: 5 g pro kg Körpergewicht; Folge: Zerstörung von roten Blutkörperchen. Symptome: Erbrechen, Durchfall, blasse Schleimhäute, Appetitlosigkeit.

- Rohes Schweinefleisch: Eine Infektion mit dem Aujeszky-Virus (inzwischen zum Glück selten geworden) endet bei Hunden immer tödlich.
- Avocados: Giftstoff: Persin; schädigt den Herzmuskel; Symptome: Atemnot, Husten, Bauchwassersucht.
- Obstkerne: Giftstoff: Blausäure; Symptome: Erbrechen, Durchfall, Fieber, Atemnot.
- Für Hunde <u>schlecht verträglich</u>:
- Knochen in Zubereitung gekocht, gegrillt, gebraten: Die aufgeweichte Knochenmasse kann splittern und stopfen; dadurch kann es zu Verletzungen im Maul, der Speiseröhre, im Magen und Darm, oder zu Darmverschluss kommen.
- Knabbereien: Die konzentrierte Salzaufnahme verursacht Bluthochdruck, Herz und Nieren werden stark belastet.
- Milch und Eis: Der hohe Milchzuckergehalt kann im Dünndarm schlecht verdaut werden; Folge: Durchfall.
- Butter: Kurzkettige Fettsäuren können schwer verdaut werden; mögliche Folgen: Erbrechen.
- Rohes Eiklar: Das Protein Avidin bindet und verhindert die Aufnahme von Biotin im Körper, welches wiederum wichtig ist für Haut und Fell.

**Gesundheit**

- Basenjis sind von Natur aus gesund und robust.
- Die rassentypische Nierenerkrankung kann man heute durch den Fanconi-Gentest vor einer geplanten Verpaarung ausschließen. Der Erbgang ist rezessiv, d. h., beide Elternteile müssten das Gen tragen, um eine Erkrankung beim gemeinsamen Welpen

hervorzurufen. Ein verantwortungsvoller Züchter wird bei der Verpaarung sehr genau auf das Genmaterial der Elterntiere achten.
- Vererbliche Augenkrankheiten werden durch die strengen Zuchtauflagen des Österreichischen Kynologen-Verbandes verhindert bzw. im geringen Toleranzbereich gehalten (den Züchtern ist die Augenuntersuchung im Jahr des Deckaktes vorgeschrieben).
- Die Röntgenuntersuchung auf Hüft-Dysplasie ist in Österreich für Hunde unter 15 Kilo nicht verpflichtend.
- Die Normaltemperatur bei Hunden beträgt ca. 38,5 Grad; sinkt die Körpertemperatur unter 37 Grad, bedeutet dies höchste Alarmstufe bzw. deutet auf eine mögliche Vergiftung oder einen anaphylaktischen Schock hin.
- Blasse bis bläuliche Mundschleimhäute sind ein weiteres Alarmzeichen; der Tierarzt sollte kontaktiert werden; erste Hilfe kann vielleicht schon am Telefon geraten werden.
- Auch Hunde können einen Sonnenbrand bekommen; bei dunklem Fellkleid erkennt man diesen an einer Hellfärbung.
- Ebenso groß ist die Gefahr eines Sonnenstichs, besonders im Gebirge; es sollte für genügend Flüssigkeitszufuhr bzw. für regelmäßige Kühlung der Pfoten und des Bauches gesorgt werden; empfehlenswert ist das Auflegen von feuchten Tüchern auf den Rücken zum Schutz vor Sonne und hohen Temperaturen.

Die Erfahrung hat mich gelehrt, dass ein Besuch beim Tierarzt und der damit verbundene Stress manchmal vermieden werden kann. Heute bin ich der Ansicht, dass nicht jeder Verletzung sofort eine Behandlung mit Antibiotika folgen muss.

Mit drei Basenjis im Haus überlege ich zuerst, was ich selbst tun kann, beobachte den Verlauf der Heilung und entscheide im zweiten Schritt, ob der Hund zum Tierarzt muss.

**Nachstehende Produkte gehören in meine Hausapotheke:**

- Desinfektionsspray
- Propolis-Tropfen (für alle Wunden, desinfizieren und fördern die Heilung)
- Lavendelöl (für alle Hautprobleme und Desinfektion kleiner Wunden)
- Notakehl D5 Tabletten (Antibiotikum bei größeren Wunden und Bissverletzungen)
- Arnika D3 Globuli (bei Verletzungen, vor und nach Operationen)
- Hylak forte Tropfen (bei Durchfall)
- Enteroferment für Tiere (bei Durchfall)
- Kohletabletten (bei Durchfall oder vorbeugend zur Darmdesinfektion)
- Zinksalbe (bei Rötungen zwischen den Beinen oder Pusteln durch Dünge- und Spritzmittel)
- Ringelblumenmelkfett oder Hirschtalg (vorbeugende Pfotenpflege im Winter bzw. zur Behandlung von rissigen Ballen)
- Krallenzange (besonders die Daumenkralle sollte kurz gehalten werden, um ein Einreißen zu vermeiden)
- Milbemax-Wurmkuren (alle 4 Monate, die Dosierung richtet sich nach dem Körpergewicht)
- Zeckenzange

**Das Gebiss** (als Quelle dienten mir Internetrecherchen)

- Die Zähne werden mit folgenden Fachbegriffen bezeichnet: Incisivus (Schneidezahn), Caninus (Eckzahn), Prämolaren (vordere Backenzähne), Molaren (hintere Backenzähne). Der Reißzahn ist der mächtigste Backenzahn. Im Oberkiefer ist es der vierte Prämolar (P4), im Unterkiefer der erste Molar (M1). Die Entwicklung der Zähne beginnt im Fötus mit der Anlage der Milchzähne.
- Die Welpen werden ohne Zähne geboren. Die ersten Milchzähne stoßen im Alter von 2-4 Wochen durch. Nicht alle Zähne haben zwei Generationen. Molaren haben keine Milchzähne, sondern stoßen direkt als bleibende Zähne durch. Eine Besonderheit ist der erste Prämolar, der ebenfalls nicht gewechselt wird.
- Hunde haben bei voll entwickeltem Gebiss 28 Milchzähne und 42 bleibende Zähne.
- Durchbruch und Wechselzeiten der Hundezähne:

| Zahn | Bezeichnung | Durchbruch des Milchzahns | Durchbruch der bleibenden Zähne |
|---|---|---|---|
| Incisivus | I1, I2, I3 | 4 – 6 Wochen | 3 – 5 Monate |
| Caninus | C | 3 – 5 Wochen | 5 – 7 Monate |
| Prämolaren | P1 | - | 4 – 5 Monate |
|  | P2, P3, P4 | 5 – 6 Wochen | 5 – 6 Monate |
| Molaren | M1, M2, M3 | - | 4 – 7 Monate |

**Nachwort**

Der hier niedergeschriebene Text basiert zum größten Teil auf meiner Erfahrung seit 2007 und Arbeit mit meinen eigenen drei Basenjis und deren 12 Nachkommen. Den Basenji kennenzulernen, ist für mich zu einem kleinen Forschungsgebiet geworden, noch immer lerne ich dazu und bin froh über Erfahrungsberichte von Freunden, die ebenso wie ich die Basenji-Seele studieren.
Bei den von mir organisierten Basenjitreffen mit bis zu 25 freilaufenden Basenjis aller Altersstufen hatte ich mit Hilfe aller Anwesenden noch immer das Rudel so weit unter Kontrolle, dass es zu keinen ärgeren Verletzungen kam und Hund und Mensch einen schönen, interessanten Tag verbringen konnten.
Geschichtliche Hintergründe versuchte ich aus dem Internet zu „filtern", welche nicht immer wissenschaftlich belegt sind, aber eine Anregung zur weiteren „Ermittlung" darstellen.
Ähnlichkeiten in der Formulierung sind rein zufällig bzw. durch Angabe der Quelle gekennzeichnet.

**Der Wolf im Hund**

Nicht die Erfahrung in der Hundehaltung, sondern die Bereitschaft, mit dem Hund zu lernen, sich auf sein Wesen einzustellen und den Hund „lesen" zu lernen, sind die Voraussetzungen für ein gutes Miteinander zwischen Basenji und Familie.
Mit einem Basenji holt man sich eher den Wolf im Hund ins Haus. Und wer glaubt, einen „hundigen" Hund zu sich nehmen zu wollen, dem ist von einem Basenji abzuraten!

# Erlebnisse und Anekdoten

## Inhalt                                                                 Seite

Einleitung ..................................................................... 25

Protagonisten meiner Geschichten ................................ 26

Dufterlebnis ................................................................. 27

Gipfeljause ................................................................... 28

Stammtisch ................................................................... 29

Schlafgewohnheiten ..................................................... 29

Morgensport ................................................................. 30

Eispalast ....................................................................... 32

Brennnesseln ............................................................... 33

Stromausfall ................................................................. 34

Wanderungen ............................................................... 35

Verloren im Nebel ....................................................... 36

Vergiftung .................................................................... 37

Begegnung mit Reh ..................................................... 39

Unfall an der Flexileine ............................................... 41

Hundeattacke ............................................................... 42

Cronos vermisst ........................................................... 43

Action wie im Film ..................................................... 45

Aufregung um Belladonna .......................................... 46

| | |
|---|---|
| Das Innenleben einer Ledercouch | 48 |
| Frühstück verpfeffert | 49 |
| Trächtigkeit, Geburt und Kinderstube | 50 |
| Drei Jungs und ein Mädchen im Hause Amato Paolo | 57 |
| Nachwort und Dank | 59 |
| Bildteil | 60 |

**Einleitung**

Im Februar 2007 holten wir die Zuchtstätten-Geschwister Boreas und Cronos aus Bullenheim bei Würzburg zu uns. Ziemlich genau ein Jahr danach kam Enya, Boreas' Halbschwester, mit dem Flugzeug in Begleitung meiner Tante in unsere Familie. Cassandra entstammt unserem C-Wurf, als einziges Mädchen neben vier Brüdern ist sie in unserem Rudel eine wahre Bereicherung! Die Basenjis sind „mein Leben" und gehören zur Familie mit allen Freuden und Sorgen.
Zur hohen Basenji-Lebensqualität gehören unbedingt und ganz ohne Zweifel gemeinsame Abenteuer ohne Leine. Da von Basenjis trotz Trainings in den besten Hundeschulen kein absoluter Gehorsam verlangt werden kann, sie im Notfall nicht 100%ig abrufbar sind, muss man als Hundeführer sehr genau wählen, wo man ihnen und sich selbst den Spaß genehmigt. Oberstes Gebot ist auf alle Fälle, Lebensgefahr weitgehend auszuschließen. Lebensgefahr bedeuten vor allem stark befahrene Straßen nahe der Freilaufzone und weniger die Jäger. Denn ein Basenji geht nicht einfach so im Wald spazieren und lässt sich abschießen. Wenn er Wild hetzt, dann in unwahrscheinlich hohem Tempo, ich würde sagen, sie erreichen 40 km/h. Schon auf Grund ihrer Größe sind sie für Jäger schlecht als Beute auszumachen.
Almgebiet oder Felder mit niedrigem Bewuchs bieten sich als Freilaufzone an, auch Radwege zu wenig frequentierten Tageszeiten oder Flussufer sind schön zu belaufen. Jedoch muss der Freilauf auch trainiert werden, am besten jeden Tag und wenn es nur für ein paar Minuten ist. Ich habe für die diversen Strecken, die wir täglich frequentieren, feste Regeln aufgestellt: Es wird immer an derselben Stelle ab- bzw. angeleint und das Säckchen Le-

ckerli raschelt in meiner Tasche. Da Basenjis von Natur aus mit gutem Gehör, Geruchssinn und Sehvermögen ausgestattet sind, muss man mit vielem rechnen, höchste Konzentration ist gefordert und es bedarf enormer Lernbereitschaft seitens des Hundeführers, besonders wenn man mehr als einen Basenji hat. Denn meist laufen sie aus unterschiedlichen Motiven, und das will eben gut beobachtet werden. Auch muss man ihnen beibringen, dass Jogger nicht verfolgt oder Radfahrer nicht angesprungen werden dürfen. Basenjis sind zum Glück sehr gelehrig und kapieren spätestens beim dritten Mal, was man von ihnen will oder nicht will; man darf niemals seinen Gedanken nachhängen, denn auch das bemerken sie und nützen die geistige Abwesenheit des Rudelführers gerne aus.

Die Gesellschaft von Artgenossen ist kaum zu ersetzen. In Gesellschaft leiden sie nicht unter meiner Abwesenheit, nützen diese im Erwachsenenalter keineswegs aus, sodass ich das Haus beim Heimkommen so vorfinde, wie ich es verlassen habe. Trotz ihres fortgeschrittenen Alters spielen sie täglich, vor allem nach dem Nachmittagsausflug, intensiv miteinander. Die Szenen ähneln einem Film ohne Ton und sind für mich die beste Unterhaltung.

**Protagonisten meiner Geschichten**

Old Legend's Boreas * 20.12.2006, Riegersburg
Old Legend's Cronos * 20.12.2006, Hart bei Graz
Old Legend's Enya* 29.11.2007, Hart bei Graz
Amato Paolo's Cassandra * 13.12.2012, Hart bei Graz
Amato Paolo's Camillo * 13.12.2012, Niederösterreich
Cocobella's Belladonna * 31.12.2013, Niederösterreich

In den Nebenrollen:
unsere Welpen: Adina, Alvaro, Aaron, Bonaria, Belcanto, Buonamico, Bradamante, Bellanera, Camillo, Cupido, Cassandra und Camino

**Dufterlebnis**

Im Sommer 2007 machten wir mit Boreas und Cronos, zu der Zeit noch im Welpenalter, die Reise nach Deutschland zu unserer Züchterin, um Wurfgeschwister und deren Besitzer zu treffen. Während der Grillparty mussten alle Hunde an der Leine bleiben, daher wollte ich den beiden und mir zwischendurch etwas Auslauf genehmigen und marschierte mit Boreas und Cronos in die Felder, wo ich sie auch gleich von der Leine ließ. Natürlich sausten sie drauflos, erfreuten sich ihrer Jugend und an den vielen Mauslöchern. Im Alter von acht Monaten musste ich auch noch nicht so Angst haben, dass sie Fährte aufnehmen und weglaufen. Doch, womit ich nicht gerechnet hatte, war, dass die beiden Spürnasen einen Kothaufen im Gebüsch entdeckten. Zu meinem Entsetzen wälzte sich Cronos mit Hingabe in der Scheiße und Boreas versuchte, alles aufzufressen. Schreiend wollte ich die beiden von der Stelle vertreiben, erfolglos zuerst, so blieb mir nichts anderes übrig, als sie an die Leine zu nehmen und wegzuzerren. Na, mach das mal, mit Hunden, denen die Scheiße aus dem Halsband quillt. Letztendlich waren meine Jeans bis zu den Oberschenkeln auch verdreckt, am Heimweg suchte ich vergeblich eine Wasserstelle, durch die Sommerdürre waren die Bäche aber ausgetrocknet. Auf schnellstem Weg machte ich mich auf in die Frühstückspension, denn in diesem Zustand konnten wir doch nicht zu der Gesellschaft zurückkehren. Ungesehen schlichen wir uns in unser Zimmer und direkt ins Bad, wo ich mich samt Kleidung und den Basenjis in die Duschkabine stellte. Da half kein Jammern, ich schamponierte beide Hunde, mich und meine Jeans zweimal ein, um Schmutz und Geruch loszuwerden. Nach diesem unfreiwilligen Bad glänzten und dufteten meine beiden Lieblinge. Die Jeans konnte ich jedoch nicht wechseln, da ich für solche Fälle nicht vorgesorgt hatte, doch bei hochsommerlichen Temperaturen trockneten wir drei bereits auf der kurzen Strecke zu Petras Hof, wo uns die anderen schon vermisst hatten.

**Gipfeljause**

Eine unserer ersten Wanderungen führte uns auf die Saualpe mit Cronos, Boreas und Enya. Alle drei waren mit Nebel-Signalhalsbändern ausgestattet, damit ich sie immer im Blick hatte. Die Wanderstrecke führte uns auf einsame Wege, zu einsam schon fast, denn wir begegneten über Stunden keiner Menschenseele, nur die Basenjis folgten hin und wieder einer Wildspur, blieben aber die meiste Zeit in meiner Nähe. Nahe dem Gipfel auf über 2100 m Seehöhe verlor ich sie aus den Augen. Als sich der Nebel lichtete, konnte ich gerade noch erkennen, wie Boreas mit einem in Stanniolpapier verpackten, großen Stück Wurstbrot davonlief, um seine Beute vor den anderen beiden Basenjis zu sichern. Oh Schreck, da hatte jemand seinen Rucksack verlassen, um ein Gipfelfoto mit den Kameraden zu machen! Schnell sprintete ich zum Hund, konnte die geklaute Jause eben noch retten, als schon der Bergfreund kam und nach seiner Mahlzeit rief. Er nahm es mit Humor, war ja nichts passiert, aber Boreas hatte uns gezeigt, wie einfallsreich Basenjis sind, wenn es ums Futter geht.

**Stammtisch**

Boreas war noch jung und durfte in Wald und Feld weitgehend frei laufen, hatte 4000 m² Garten zur Verfügung, was ihn aber nicht davon abhielt, sich eines Tages unter dem Zaun durchzugraben und auf Wanderschaft zu gehen. Als meine Eltern sein Verschwinden bemerkten, war von Boreas nichts mehr zu sehen. Es wurde gerufen, gepfiffen, mit Futter gelockt, alles war vergeblich. Nach einigen Stunden, jeder Hundebesitzer weiß, was das bedeutet, welche Gedanken man in dieser Zeit spinnt, wie verzweifelt man schon ist, kam der Anruf aus dem Dorf: Boreas saß im Kaffeehaus und war dort abzuholen! Er war einige Kilometer bis nach Riegersburg gelaufen, hatte dort einen Nachbarn getroffen und war wie selbstverständlich mit diesem ins Kaffeehaus gegangen, hatte sich dazugesetzt und natürlich füttern lassen.

**Schlafgewohnheiten**

Drei Basenjis, drei unterschiedliche „Persönlichkeiten". Jeden Abend läuft unser Zubettgehen nach dem gleichen Schema ab: Nach einem gemütlichen Fernseh- oder Leseabend auf der Wohnzimmercouch, meist mit zwei Basenjis zu Füßen (der dritte liegt entweder im Körbchen oder auf einem Ledersessel), mache ich die Lichter aus und gehe nach oben ins Schlafzimmer, was meine Mädels, die eben noch fest geschlafen haben, sofort veranlasst mitzukommen. Jede legt sich in ihr angestammtes Körbchen und erwartet, dass ich eine kleine Fleecedecke über ihre Köpfe lege. Cronos kommt mindestens zwei Minuten, höchstens jedoch zehn Minuten später nach, klopft mit der Pfote an den Bettrand, erntet von den Mädchen ärgerliches Gegrummel und wartet, bis ich meine Bettdecke hebe, um sich möglichst nah an mich zu kuscheln. Obwohl von Anfang an klar war, wer wo sein Bettchen im Schlafzimmer hat, ist Cronos mittlerweile mein „Betthund". Und zwar genau von dem Tag an, als Enya ihren A-Wurf geboren hatte. Seitdem blieben meine vielen Versuche, ihn wieder in sein eigenes Bett zu schicken, ohne Erfolg. Mittlerweile habe ich mich daran gewöhnt, dass er meine Füße wärmt. Cassandras Körbchen muss in Griffnähe stehen, denn das Fräulein steht zwei- bis dreimal nachts auf, schüttelt ihre Ohren und klopft dann an mein Nachtkästchen, will heißen: „Deck mich wieder zu"; erst dann schläft sie weiter. Reagiere ich nicht sofort, wird das Klopfen immer energischer, bis ich endlich meinen Arm ausstrecke und ihr die Decke über den Kopf ziehe. Manchmal wird Enya diese Unruhe lästig und sie wandert wieder nach unten ins Wohnzimmer.

Wenn morgens der Wecker läutet, ist Cronos der Erste, der aufsteht, bald gefolgt von den Mädels, denn dann geht es schließlich um die besten Plätze im Wohnzimmer. Oft hängt sogar die Fleecedecke noch über dem Rücken, eingefädelt unter dem Ringelschwänzchen, was das Kuscheln auf der Couch noch mal gemütlicher macht.

## Morgensport

Kurz nach sechs Uhr morgens verlassen wir schon das Haus: drei Basenjis mit Norweger-Führgeschirr und Signalhalsband (in der dunklen Jahreszeit) an der Joggingleine an meinem Hüftgurt. Wir laufen einen Kilometer bis in die Au an den Radweg, ab da werden alle drei abgeleint und weiter geht's am Bach entlang durch Au-Gebiet. Die Strecke ist um diese Tageszeit schwach bis gar nicht frequentiert. Zu Beginn liefern sich die drei Basenjis ein Wettrennen, bis sie ihre überschüssigen Kräfte los sind, immer wieder verschwindet einer im Unterholz, um ungesehen sein Geschäft zu machen, und oft sehe ich im Nebel bzw. in der Dunkelheit über Strecken keinen meiner Hunde, höre nur, wenn sie mich überholen. Spätestens jedoch im letzten Waldstück, täglich an derselben Stelle, wird das Säckchen mit Leckerli ausgepackt, und schon das Geräusch veranlasst die drei (meistens), abzustoppen und die Belohnung einzufordern. Cronos braucht manchmal etwas länger, denn die Wildspuren müssen erst genau überprüft, manchmal natürlich auch verfolgt werden. Durch die Unwegsamkeit des Geländes, mit Rinnsalen und Gestrüpp, kommt er zum Glück nicht weit und verliert bald die Spur. Cassandra hängt sich gerne ihrem Papa an die Fersen, jedoch nicht mit dessen Passion, eher aus Gesellschaft. Enya kümmert das Wild kaum, ihr ist ganz offensichtlich der Aufwand zu groß und die leichtere Futterbeschaffung wichtiger. Bei Enya muss ich gegen Ende der Freilaufstrecke aufpassen, dass sie mich nicht überholt, sie auch schon 100 Meter vor den beiden anderen anleinen, denn ab einer bestimmten Stelle fallen ihr die zahlreichen Katzenfutterschüsseln in unserer Siedlung ein und sie beschließt, „schon mal vorauszulaufen". Man sieht ihr diese Absicht an: Plötzlich wird sie immer schneller, dreht sich noch ein paarmal um und zischt dann in hohem Tempo ab, quert eine leider stark befahrene Straße sowie die Bahn und erwartet uns am Siedlungseingang, jedoch mit rundem Bauch voller Katzenfutter, mit sichtlich schlechtem Gewissen, denn sie bleibt auf Abstand, und ich muss die Haustür offen lassen, damit sie sich zwei Minuten nach uns „hineinschleichen" und in ihr Körbchen verziehen kann. Nach so einer „Aktion" erwartet sie sich kein Futter, auch keine Ansprache, ich kann meinen Ärger nur schwer zurückhalten (schuld bin natürlich nur ich – ist mir klar!). Sie wird von mir ignoriert, außerdem zwei Tage auf Diät gehalten. Noch eine Geste, täglich und punktgenau, von Cronos zeigt mir, wie Basenjis uns verstehen, bzw. wie gut sie mit Ritualen und Wiederholungen umgehen: Immer nach dem Morgenlauf, beim Einbiegen in die Siedlung, schaut Cronos zu mir mit fragendem Blick und erhält von mir eine der beiden Antworten: entweder „Pfoten waschen", dann wird an der Hausmauer beim Wasserschlauch kurz nach links abgebogen und sie müssen die Pfoten-Reinigung über sich ergehen lassen, was sie zwar ungern, aber brav durch Heben einer Pfote nach der anderen geschehen lassen; oder „wir gehen heim", was einen deutlich flotteren Schritt direkt auf die Haustür zu bewirkt – als wären sie froh, dass ihnen die Waschung erspart bleibt – sind sie ja auch! Diese morgendliche „Frage" stellt nur Cronos, überhaupt würde es oft genügen, bekäme nur Cronos die Kommandos, denn die Mädels sind seit jeher „Mitläufer".

## Eispalast

Eines Morgens im Spätwinter war die ganze Stadt und Umgebung mit einer dünnen, aber knochenharten Eisschicht überzogen. Die Straßen waren Spiegel, die Bäume neigten sich unter der Last. Gespenstische Ruhe legte sich über den Ort, kein Mensch, kein Auto war auf der Straße. Nur drei Basenjis und ich in der Morgendämmerung mit Joggingkleidung schlitterten mehr als wir liefen die gewohnte Strecke in Richtung Radweg. An der ersten Kurve zog es uns schon die Füße weg, ich konnte mich gerade noch fangen, aber die drei Basenjis lagen auf dem Rücken! Sofort machte ich die Leinen los, damit jeder sein eigenes Tempo halten konnte, und langsam gewöhnten wir uns an den unheimlichen Untergrund. Das Abenteuer war filmreif, doch wer geht schon aus dem Haus bei solchen Bedingungen? Wir vier genossen die Stille und arbeiteten uns tapfer bis zum Waldstück vor. Auf Wiesen- und Waldboden angekommen, waren die Hunde nicht mehr zu bremsen und sausten, was die Lungen hergaben, immer die Gerüche der Nacht verfolgend, erst am Heimweg auf der Straße versammelten wir uns wieder: Nach einiger Wartezeit auf meine drei Hunde kamen sie mit hängender Zunge einer nach dem anderen angelaufen, bemerkten die Tüte mit Leckerli in meiner Hand, konnten aber auf dem spiegelglatten Weg nicht abbremsen und rutschen einige Meter an mir vorbei, bevor sie sich zaghaft an mich und die Leckerli herantasten konnten. Die letzten Meter mit angeleinten Basenjis wäre ich am liebsten auf allen vieren gekrochen, wir brauchten für ca. einen Kilometer 20 Minuten, schafften jedoch unbeschadet unseren Heimweg.

**Brennnesseln**

Cassandra hat bis heute nicht gelernt, an der Leine ihr großes Geschäft zu machen. Daher wird sie täglich an geeigneter Stelle von der Leine gelassen. Einmal, in noch sehr jungem Alter, nutzte sie diese Gelegenheit, um nach dem Häufchen noch ein bisschen auf Erkundungstour zu gehen, hat wohl eine Katze gesehen und bei der Verfolgung nicht aufgepasst und ist in die Brennnesseln geraten! Zu spät bemerkt, musste sie da aber wieder raus, ist wie mit Hummeln im Hintern zu uns zurückgelaufen und hat sich vor uns in der Wiese wie verrückt gewälzt. Mindestens eine Viertelstunde konnte sie vom Wälzen nicht genug kriegen und gar nicht verstehen, was da an ihrem Körper so juckt. Sie hat daraus gelernt. Keiner meiner drei Basenjis ist heute durch Brennnesseln zu kriegen, da stehen sie wie die Böcke, es hilft kein Zerren oder gut Zureden, ich kann nur großräumig ausweichen oder sie eben tragen. Auch Cronos und Enya haben schon die Brennnesseln kennengelernt, nur wusste ich bis zu diesem Tag (an dem ich es beobachten konnte) nicht, weshalb sie sich minutenlang wälzen. Das war übrigens sicher nicht das einzige Geheimnis, denn vieles kriege ich nicht mit, wenn sie sich für ein paar Minuten verselbstständigen, kann oft nur ahnen, wo sie gewesen sind, wenn sie endlich und im schlimmsten Fall mit blutigen Pfoten zurückkommen. Einmal Fährte aufgenommen, ist Cronos kein Hindernis zu groß, keine Dornen zu spitz oder kein Bach zu breit (zu tief vielleicht).

**Stromausfall, Neumond und alle Basenjis weg**

An einem Wintermorgen auf unserer gewohnten Strecke wurde es plötzlich sehr dunkel. Die Beleuchtung am Radweg war ausgefallen. Mutig, wie ich bin, dachte ich, wir finden uns auch im finsteren Wald zurecht. Die Basenjis wurden wie üblich am Bach abgeleint, über uns nur der schwarze Himmel und die Sterne. Die drei Hunde sausten los, doch dann war es plötzlich sehr still, kein Rascheln im Unterholz, kein Getrappel der Pfoten, keine Reaktion auf mein Pfeifen. Ich konnte nur weiterlaufen und hoffen, dass sie noch immer vor mir sind. (Dass Basenjis Angst in der Dunkelheit haben, ist ein Gerücht!) Als ich auf freier Wiese immer noch keinen Hund sah, wurde ich langsam unruhig, wenigstens war der Untergrund durch den Raureif hell und ich konnte den Weg finden, aber im letzten Waldstück war es so finster, dass ich die Hand nicht vor Augen sah. Irgendwie fand ich den Weg zu der Stelle, an welcher immer Leckerli verteilt und die Leinen festgemacht werden: Und wer steht da und wartet auch mich? Drei brave Basenjis, als wollten sie sagen: „Schön, dass du auch endlich kommst!"

**Wanderungen**

Bei Regenwetter muss Enya genau beobachtet werden, sie könnte vorzeitig beschließen, einfach wieder nach Hause zu gehen. Das passierte mir einmal bei einer unserer Bergwanderungen: Leider kann man das Bergwetter vom Wohnzimmer aus nicht immer vorhersagen und bei starkem Wind und dazu noch Schneefall kann es Enya schon einmal zu viel der Sportlichkeit werden und sie beschließt, die Wanderung abzubrechen, umzudrehen und im Alleingang zum Auto zurückzulaufen. Cronos ist zwar auch wie alle Basenjis kälteempfindlich, würde mich aber nie verlassen – nur eben mal für kurze Zeit, wenn eine Gämse verfolgt werden muss, aber immer hat seine Kraft noch gereicht – und ich betone: gerade eben noch gereicht – dass er zu mir zurückkommt, und wenn es 45 Minuten gedauert hat und er vollkommen erschöpft vor meinen Füßen zusammengebrochen ist. Cassandra ist mit ihren zwei Jahren noch zu jung, als dass ich schon einen starken Jagdtrieb feststellen könnte. Sie reiht sich vermutlich zwischen Enya und Cronos ein, ist das Alleinsein nicht gewöhnt, da als Tochter von Cronos und Enya von Geburt an immer in Gesellschaft. Außerdem hängt sie sehr an mir und möchte nicht für längere Zeit alleine hinter Hasen herjagen. Im Allgemeinen und bei Bergwanderungen im Besonderen lässt sich sagen: Je größer die Gruppe (Mensch und Tier), desto eher bleiben die Basenjis beisammen. Schon durch die Anstrengung werden sie schnell hungrig und holen sich regelmäßig Futter aus unseren Jackentaschen. Gut bewährt hat sich die Trillerpfeife. Von klein an habe ich meine Basenjis auf den Pfiff konditioniert, denn in freier Wildbahn, bei Wind und großen Entfernungen kann man nicht so laut rufen, bzw. möchte man schließlich nicht andere Wanderer darauf aufmerksam machen, dass Hunde vermisst werden. Basenjis sind Spür- UND Sichtjäger, was bedeutet, dass Nase, Gehör gleichermaßen gut ausgebildet sind wie das Sehvermögen und sie uns Menschen mit ziemlicher Sicherheit wiederfinden, so wir an der Stelle warten, wo sie uns verlassen haben. Bei Nebel und Starkwind muss jedoch die Pfeife eingesetzt werden, damit wir uns nicht verlieren. Über all die Jahre kann ich behaupten, dass uns die vielen gemeinsamen Abenteuer enorm zusammengeschweißt haben, die Bindung ist enorm und die Unterordnung, soweit bei Basenjis möglich, zu meiner Zufriedenheit ausgeprägt.

**Verloren im Nebel**

Unter „normalen" Bedingungen weiß mein Cronos immer, wo ich bin, auch wenn ich ihn minutenlang weder höre noch sehe. Auf einer unserer Winterwanderungen in den Bergen wurden wir von Nebeleinbruch überrascht und der ohnehin schon starke Wind wurde zu einem heulenden Sturm. Enya und Cronos (Cassandra war noch nicht geboren) kämpften tapfer und ich suchte uns einen Pfad an erträglicher Windschattenseite. Cronos nahm plötzlich Fährte auf und wollte diese verfolgen, verließ uns also in Richtung Wald, was nichts Ungewöhnliches ist, Enya und ich mussten eben warten. Cronos ließ jedoch sehr lange auf sich warten, Enya begann zu zittern und zu jammern. Ich steckte mir mein Mädchen unter die Jacke und suchte uns ein paar Meter vom Weg entfernt eine Grube, wo es windstiller war. In dem dichten Nebel war von Cronos nichts zu sehen und schon gar nichts zu hören. Der Wind heulte und verschluckte mein Rufen und Pfeifen. Enyas Gewinsel wurde immer lauter, und plötzlich – ich war schon am Verzweifeln – hörte ich unmittelbar in unserer Nähe ein lautes (Basenji-)Geheul, sodass mir das Herz vor Schreck in die Hose rutschte. Mit Enya im Arm stürmte ich die 10 Meter zum Weg zurück und da saß Cronos mit gestrecktem Hals und heulte den Himmel an. Könnten Hunde weinen, wären die Tränen gekollert. Durch den starken Wind aus der anderen Richtung hat er unsere Spur und unseren Geruch verloren, im Nebel nichts sehen können und uns in seiner Basenji-Sprache gerufen. Was für eine Erleichterung, als wir drei wieder zusammen waren!

**Vergiftung**

Boreas war sieben Jahre alt, als wir ihn fast verloren hätten. Eines Tages kam er aus dem kleinen Waldstück, das zum eingezäunten Garten meiner Eltern gehört, ins Haus gelaufen, schleckte sich übers Maul, als hätte er gerade was sehr Gutes gefressen, brach dann aber Minuten später zitternd zusammen und wurde lethargisch. Sofort wurde er ins Auto gepackt und zum Tierarzt gefahren. An der Infusionsnadel behielt man ihn 48 Stunden unter Beobachtung. Die Ärztin stellte Vergiftung durch Nervengift (geht sofort ins Gehirn, es gibt kein Erbrechen) fest. Nach zwei Tagen war Boreas' Zustand trotz Medikation unverändert schlecht, sodass die Ärztin meinen Vater bat, ihn doch abzuholen, dass er wenigstens im vertrauten Umfeld sterben könnte, wenn es denn sein muss. Boreas war ein Kämpfer, lag aber weitere Tage recht teilnahmslos in seinem Körbchen und musste zum Verrichten seines Geschäftes ins Freie getragen werden bzw.

machte sein Bettchen nass, weil er bald zu schwach war, um sich auf den Beinen zu halten. Wir alle waren verzweifelt. Jeden zweiten Tag wurde er zur Tierärztin gebracht, die ihn mit Infusion und Medikamenten versorgte. Er war nach einer Woche unverändert schwach und aufgebläht, weil er keinen Kot absetzen konnte, nach 10 Tagen sprach man in der Praxis schon „vom Erlösen", wenn es nicht bald bergauf ginge, und ich beschloss heulend, ihn wenigstens ein letztes Mal zu besuchen und meinen Vater zum Tierarzt zu begleiten. Als ich ins Zimmer zu seinem Körbchen kam, hat sich Boreas so gefreut, versuchte mit aller Kraft, mit dem Schwänzchen zu wackeln, leckte mir die Hand und versuchte vergeblich aufzustehen. Mir kamen erneut die Tränen, vor Rührung und Trauer, und ich setzte mich mit Vati ins Auto, um Boreas noch einmal zum Tierarzt zu bringen. Ich werde nie vergessen, als ich das Auto auf dem Parkplatz abgestellt hatte, Boreas mit seinem Körbchen herausheben wollte, er plötzlich aufstand, wackelig zwar, aber sichtlich bemüht, nicht wieder umzufallen. Voller Freude nahm ich ihn in den Arm und trug ihn in die Arztpraxis. Aus der Hand der Ärztin nahm er gierig das angebotene Futter (seit Langem eine feste Nahrung). Es ging bergauf! Sehr langsam. Die Tabletten wurden vorerst verweigert, sodass ich diese mitsamt dem verordneten Einlauf in die Tasche packte. Zu Hause angekommen, bekam Boreas von mir den Einlauf ohne Probleme verpasst. Mit steifen Beinchen stakste er ein paar Schritte im Garten und machte dann, endlich, endlich, einen Riesenhaufen. Danach war ihm leichter! Es dauerte noch weitere drei Wochen, bis Boreas wieder ganz der Alte war, und wir kennen bis heute nicht die Ursache jenes tragischen Vorfalls.

## Begegnung mit Reh

Ich müsste lügen, würde ich behaupten, es gibt mit Basenjis nur schöne und witzige Erlebnisse. Auch unangenehme Situationen sollten dokumentiert werden, um das Bild des Basenji zu vervollständigen. Cronos hatte seine erste Erfahrung mit Wild im Alter von neun Monaten gemacht. Bis zu diesem Tag durfte er auf unseren Spazierwegen in Wald und Feld immer frei laufen, da Wildspuren noch kein Thema waren. Aber einmal ist immer das erste Mal: Plötzlich verschwand mein Cronos im Maisfeld und kam auf mein Pfeifen nicht wieder. Als ich dann ungewöhnliches Schreien (wie Kindergeschrei) hörte, wurde ich doch panisch und sauste in die Richtung, aus der das Geschrei kam. Da stand ein verletztes Reh (vielleicht von einer Landmaschine beim Mähen erwischt?) im Abstand von 2 Metern meinem Cronos gegenüber und hat gebrüllt, offensichtlich um ihn zu vertreiben. Stockstarr wie geschockt stand Cronos da und ließ sich von mir wegtragen! Das Reh hatte an der Flanke eine tiefe Wunde, deshalb verständigte ich die Polizei mit genauer Ortsbeschreibung; einige Tage später musste ich leider feststellen, dass in dieser Sache rein gar nichts passiert und das arme Tier 100 Meter weiter an einem Weidezaun verendet war.

Ein anderes Mal scheuchten unsere Jungs Boreas und Cronos ein Reh aus der hüfthohen Wiese und trieben es in eine Obstanlage. Der Fluchtweg war leider durch den Zaun abgeschnitten. Auf der Flucht prallte das Reh dagegen und Cronos war sofort an dem Tier dran, Boreas kam auf der anderen Seite des Zaunes dazu und ich brachte all meine Kräfte auf und „hechtete" förmlich über den Zaun, um das Reh zu retten. So etwas kann einem auch nur in äußerster Panik gelingen! Das Reh hatte einen

Schock, sonst war ihm nichts passiert, Cronos war furchtbar aufgeregt, als ich ihn wegzerrte, und letztendlich konnte das Reh auch wieder in den Wald flüchten. Also alles gut ausgegangen, nur meine Jacke war zerrissen und Cronos hatte endgültig seinen Jagdtrieb entdeckt.
Dazu möchte ich verdeutlichen, dass ich ein Gegner der Rennbahn für Basenjis bin, auf welcher die Meute hinter einem Fahrzeug mit Beuteattrappe hetzt. Dadurch wird der Jagdtrieb nur unnötig geschürt, denn „befriedigen" kann man Triebe nicht! Leider hängen dieser Irrmeinung viele Menschen an, weil sie möchten, dass sich ihre Hunde entweder vergnügen, auspowern und/oder aber, dass diese Leute es nicht auf sich nehmen möchten, Basenji-gerechte Wanderungen ohne Straßen und andere Gefahren wie Jäger oder Absturzgefahr zu finden, um ein Auslaufen ohne Leine zu ermöglichen. Die Rennbahn sollte Windhunden vorbehalten bleiben! Jedes Abenteuer mit Mensch und Tier ist die beste Bindungsarbeit, die man sich vorstellen kann, und es ist einfach schön zu lernen, welch guter Kamerad ein Basenji ist. Ich konnte mich nie damit abfinden, dass meine Basenjis Leinenhunde sind, und arbeite täglich mit ihnen im Freilauf, und wenn es nur für ein paar Minuten ist.

Noch eine unangenehme Reh-Geschichte, in die wir schuldlos geraten sind: Ich war mit Enya, Cronos und Cassandra (damals erst 8 Monate alt) im Wald unterwegs, alle drei ohne Leine, weil, wie ich dachte, wir alleine waren, als plötzlich das mir schon bekannte, herzzerreißende Geschrei eines Rehs zu hören war. Alle drei Basenjis und ich sausten zu der Stelle und mussten feststellen, dass ein Reh auf der Flucht im Lattenzaun hängen geblieben ist. Ich schaffte es gerade noch, meine drei Hunde an die

Leine zu nehmen und an einen Baum zu binden. Um das verschreckte Tier zu retten, kam ich leider zu spät. Es hatte offenbar einen Herzstillstand erlitten, denn verletzt war es nicht. Es kostete Kraft, meine winselnden Basenjis von dem Ort wegzuzerren. Die Gartenbesitzer sagten mir dann kalt, die Rehe kämen ständig über den Zaun gesprungen, würden auf der Flucht vor deren fünf kläffenden Hunden oft im Zaun stecken bleiben. Ich meldete den Vorfall und dachte, die Sache wäre erledigt. Weit entfernt von dem Zaun, den Schock noch in den Knochen, machten wir uns auf den Heimweg, als Cassandra überraschend „am Absatz" kehrt machte und wegsauste. Da halfen kein Rufen und kein Pfeifen, auch kein Winseln von Enya, die immer sehr beunruhigt ist, wenn jemand fehlt. Mir kam ein fürchterlicher Gedanke und wir drei liefen eilends zu der Unfallstelle: Da saß unsere Cassandra und knabberte vergnügt an dem Reh, die Haare zwischen den Zähnen und erbost, dass sie gestört wurde. Als Tage später der Kadaver immer noch im Zaun steckte, inzwischen schon von anderen Tieren angefressen, habe ich beschlossen, diesen Wanderweg auf immer zu meiden. Schade zwar, denn der naturbelassene Wald nennt sich nicht umsonst „Grazer Urwald" und ist ein letztes Stück romantischer Natur am Stadtrand. Inzwischen sind die Zäune mehr geworden, Kühe werden auf der Weide gehalten und dem Rehwild wurde noch mehr Rückzugsgebiet genommen.

**Unfall an der Flexileine**

In Zeiten, als ich nur zwei Basenjis zu führen hatte, verwendete ich noch Flexileinen und musste durch schlechte Erfahrungen lernen, dass man Basenjis entweder an der Zwei-Meter-Leine führt oder im Freilauf hat. Auch Ba-

senjis kann man die Leinenführigkeit beibringen (siehe dazu: Allgemeiner Teil: Leinenführigkeit).
Wir kamen an einem Haus mit Garten und Hund vorbei. Der belgische Schäfer hinter dem Zaun fristete leider jahrelang ein einsames Dasein und raste bei jeder Gelegenheit zum Gartenzaun, um Passanten zu verfolgen. Cronos lief wie üblich die kleine Böschung hoch zu dem bisher gutmütigen Hund, der an diesem Tag jedoch die Zähne fletschte, sodass Cronos zurück und leider auch noch über die Straße sauste und panisch noch mal querte. Von hinten kam ein Auto, ich konnte nicht rechtzeitig reagieren, die Leine war auf 8 Meter ausgefahren, Cronos, der zu mir zurückwollte, wurde voll an der Breitseite erfasst. Ich dachte, jetzt ist es aus! Obwohl man äußerlich nichts erkennen konnte, war der Hinterlauf glatt gebrochen, was erst am Röntgenbild zu sehen war. Sechs Wochen Schonung wurden verordnet und die Flexileinen abgeschafft. Spätestens mit Cassandra und damit drei Hunden an der Leine wären die Flexileinen ohnehin auszurangieren gewesen. Ein Gutes hatte die Geschichte, ich brachte meinen Hunden die Leinenführigkeit bei. Denn an der Flexileine und womöglich auch noch mit Brustgeschirr statt Halsband sind die Rollen vertauscht und der Hund führt Herrchen/Frauchen spazieren und nicht umgekehrt.

**Hundeattacke**

Für gewöhnlich schnupperten Cronos und Enya immer ein paar Sekunden an diesem Zaun mit dem belgischen Schäferhund dahinter, bis sie das Interesse verloren und weiterzogen. An dem Tag, als Enya von Cronos genau vor der Nase dieses Schäferhundes gedeckt wurde, war es offenbar mit der Freundschaft vorbei. (Wir wissen meist nicht, welche Aggressionen sich hinter Zäunen aufstauen.) Bei nächster Gelegenheit, als wir noch in der Dunkelheit (die Basenjis an der Joggingleine an meinem Hüftgurt) an diesem Garten vorbeikamen, nützte Zorro (sein Name) das offene Tor, um auszubrechen, und stürzte sich vor den Augen seines Besitzers auf Cronos. Der Besitzer konnte mit Fußtritten (!!!) seinen Hund von uns abbringen (meine Beine waren zwischen Joggingleinen verheddert), Zorro kam ein zweites Mal auf uns zugeschossen und hat sich tief in Cronos' Hals verbissen. Cronos hat geplärrt wie ein Kind und der Arztbesuch blieb ihm nicht erspart.

**Cronos vermisst**

Am Tag der Geburt unserer C-Welpen war ich nach Abschluss und Versorgung von Mutter und Welpen mit Cronos alleine in der nahe gelegenen Au spazieren. Cronos durfte frei laufen, weil es mitten am Nachmittag war und ich ihm nach der langen Zeit der Geduld am Wurflager diese Freude machen wollte. Er war auch lange Zeit brav in meiner Nähe, viel im Unterholz unterwegs, aber immer zur Stelle, wenn ich nach ihm rief. Die Leckerlis in meiner Tasche lockten. Doch eine kleine Unkonzentriertheit von mir (ich hielt gerade das Gesicht in die wärmende Wintersonne) nützte der Schlingel, um, aus für mich nicht nachvollziehbaren Gründen, davonzusausen. Und dann kam er auch so bald nicht wieder. Ich wartete lange, sah ihn auf 10 Meter herankommen, um sogleich wieder zu verschwinden. Er ließ sich Zeit mit Schnuppern und Spurenverfolgen, sich immer wieder vergewissernd, dass Frauchen eh noch da ist, bis er plötzlich endgültig verschwunden war. Die Sonne ging langsam unter und ich wartete immer noch einsam am Wegrand. Kein Mobiltelefon dabei, sprach ich die Waldarbeiter auf der

Strecke an, die nur schlechtes Deutsch sprachen, gab ihnen in meiner Verzweiflung die Leine, falls Cronos vorbeikäme, und lief nach Hause, um meine Freundin zur Verstärkung zu holen. Kurz vor dem Bahnübergang bat ich andere Waldarbeiter, einen kleinen braunen Hund, falls er vorbeikäme, festzuhalten und einfach ins Auto zu stecken, bis ich wieder zurückwäre. Die Leute waren alle furchtbar nett und hatten Mitleid mit einer verzweifelten Hundeführerin. Zu Hause angekommen, wollte ich nur schnell mein Handy einstecken, hörte aber schon auf der Straße Enya heulen, die uns vermisste und dringend aufs Klo musste. Enya schnell in den Garten gelassen, Freundin verständigt, liefen wir beide zurück in die Au, wo wir uns trennten und Cronos von Norden und Süden kommend am Radweg suchten. Als ich an die Stelle zurückkehrte, an der ich die Leine deponiert hatte, war der Platz verlassen, nur die Leine hing einsam am Baum. Aber ein Hundeführer, der mich kannte, erzählte mir, dass Cronos verzweifelt den Weg am Bach auf und ab läuft und nach mir sucht. Weit entfernt sah ich die kleine Gestalt und rief ganz laut seinen Namen. Wie der Blitz kehrte er um und raste auf mich zu, vollkommen erschöpft sank er vor mir fast in die Knie und leckte meine Hand. Wir waren beide überglücklich und kein auch noch so kleines Schimpfwort kam mir über die Lippen. Lange Zeit nach diesem Erlebnis verfolgte mich Cronos noch bis auf die Toilette, aus Angst offenbar, verlassen zu werden. Inzwischen ist das auch vergessen und wir hatten schon wieder das eine oder andere Verschwinden erlebt, aber nie mehr in solch einem zeitlichen Ausmaß.

## Action wie im Film

Wir waren mal wieder im Feld am Flussufer mit vier Basenjis unterwegs: Lydia und Thomas mit Camillo (ein gutes Jahr alt) und ich mit Cronos, Enya und Cassandra (Camillos Wurfschwester). Das Rudel im Freilauf war hauptsächlich mit Mauslöchern und Wettrennen beschäftigt. Doch nach ca. zwei Stunden dürfte es Camillo fad geworden sein, denn er kam plötzlich auf die Idee, die Felder zu verlassen, um eben mal nachzusehen, was es bei dem nahe gelegenen Sägewerk Interessantes zu sehen/schnüffeln gab. Am Weg dorthin wird er wohl Fährte aufgenommen haben, denn plötzlich wurde er immer schneller und motivierte auch die anderen Basenjis zum Mitlaufen. Das war dann für lange Zeit das Letzte, was wir von unseren Hunden gesehen haben, außer Enya, die kam bald wieder. Pfeifen und Rufen und Warten blieben ohne Erfolg, die Bundesstraße war viele 100 Meter entfernt, aber irgendwann mussten wir doch annehmen, dass sie sich in eben diese Richtung abgesetzt hatten. Zum Glück war Sonntag und nicht sehr viel Verkehr, aber ohne Geschwindigkeitsbegrenzung reicht schon ein Auto, um einen Basenji, der hinter einem Hasen her ist, zu überfahren. Bei dem Gedanken wird mir heute noch schlecht. Wir teilten uns auf, jeder mit Handy bewaffnet, Lydia in Richtung Straße, Thomas suchte mit dem Auto und ich blieb in der Nähe der Hundeschule, wo ich Straße und Feld einsehen konnte. Irgendwann nach endlos erscheinendem Warten kam der Anruf von Lydia: Camillo war zurück über die Bundesstraße gelaufen (!!!!!), was bedeutete, dass er schon zum zweiten Mal die Straße gequert hatte und die anderen beiden wahrscheinlich noch jenseits der Straße waren. Mit Enya lief ich so schnell wie möglich über die Fahrbahn, um zu verhindern, dass dasselbe noch einmal passierte. Thomas war mit dem Auto die Straße hügelaufwärts gefahren, welche meine drei Basenjis von Spaziergängen zu unserer Hundetrainerin Klara kannten. Es war schon mal gut, keinen überfahrenen Hund auf der Straße zu sehen und auch kein Reifen quietschen zu hören. Da kam, es waren sicher schon 45 Minuten vergangen, Cassandra, als winzig kleiner Punkt, von ganz weit oben des Hügels in Richtung Straße gesaust, offensichtlich wollte sie wieder drüber und zu unserem Ausgangspunkt zurücklaufen. Ich brüllte mir die Seele aus dem Leib, und Gott sei Dank, kurz vor dem Straßengraben hörte sie mich und schlug den Haken in meine Richtung. Die Basenjis hatten sich also offensichtlich getrennt und jeder ist seinen eigenen Interessen nachgelaufen! Bald kam vom Hügel Thomas angefahren – mit Cronos am Beifahrersitz! Er hatte ihn in der Nähe von Klaras Haus „eingesammelt", will heißen, die Beifahrertür aufgerissen und gebrüllt „Cronos, steig ein!", und Cronos, als wäre es das Normalste auf der Welt, kam zu Thomas ins Auto gesprungen und war merklich froh, gefunden worden zu sein. Alle drei Ausreißer waren derart erschöpft, dass man den Eindruck hatte, sie könnten keinen Meter mehr gehen. Dazu muss bemerkt werden, dass Cronos bis zu diesem Tag ein sehr reserviertes Verhältnis zu Thomas gehabt hatte, und zu unser aller Erstaunen sind die beiden seither echte Kumpel!

### Aufregung um Belladonna

Klein Bella ist inzwischen auch schon über ein Jahr. Für Basenjis eher unüblich, scheint sie aber keine sehr ausgeprägte Nase zu haben. Anfangs beruhigte ich Lydia noch, weil ich das von Enya kannte. Enya hat gelernt, damit umzugehen, und entfernt sich aus dem Grund nicht weit bzw. kommt bald zurück, während Cronos und Cassandra noch lange die Wildspur verfolgen.

Auf einer unserer Almwanderungen sausten die fünf Basenjis wieder einmal einer Spur hügelabwärts nach, was nichts Ungewöhnliches ist, und einer nach dem anderen kam auch früher oder später wieder, wenn auch aus unterschiedlichen Richtungen. Wir waren auf ca. 1800 Meter Seehöhe, also über der Baumgrenze, und hatten gute Sicht. Nur Bella fehlte und tauchte auch nicht mehr auf. Nach einer Stunde Rufen und Pfeifen mussten wir die Suche getrennt fortsetzen. Ich machte mich mit Cronos, Enya und Cassandra an den Abstieg. Immer wieder hatte ich das Gefühl, dass die drei Fährte aufnahmen, sie konnten mir halt leider nicht sagen, ob von Bella oder von einem anderen Tier. Alle drei waren beunruhigt, sie merkten ja, dass da jemand fehlt. Irgendwann kam ich auf der Alm zu einer Stelle, an der ich steil bergab bis zur Hütte und dem großen Parkplatz sah. Und da meinte ich, ein kleines Pünktchen, verloren zwischen den Personen und Autos, auszumachen. Ich ließ es mir möglichst nicht anmerken, damit mir meine Basenjis nicht aufgeregt davonliefen, und beschleunigte den Rückweg. Unten angekommen, kam mir ein junges Pärchen mit Hund entgegen und fragte gleich, ob ich einen kleinen Hund vermisse, der so aussieht wie Cronos. Sie zeigten mir die Stelle. Einsam saß Belladonna am Straßenrand und beobachtete die vorbeifahrenden Autos so genau, als hoffte sie, dass wir vorbeikämen. Sie rührte sich keinen Zentimeter, bis ich direkt bei ihr war, dann erst erkannte sie uns und ließ sich anstandslos anleinen. Zum Glück gibt es Handys und ich konnte die verzweifelte Lydia anrufen.

Ein anderes Mal hat sich Bella mit Camillo im Feld verlaufen und wurde einige Kilometer entfernt gefunden. Ab dem Verschwinden und der Rückkehr von Camillo waren allerdings viele Stunden vergangen und sie wurde von einer Dame im Nachbardorf aufgegriffen, die zufälligerweise die beiden Basenjis aus unserem B-Wurf, Buonamico und Bradamante, kennengelernt hatte, die eben in diesem Dorf zu Hause waren. Sie meldete sich bei Ute und Olga, Olga wiederum hat Lydia angerufen und gefragt, ob Bella vermisst wird. Das Gute an all dieser Aufregung ist doch, dass Basenjis auffallen, und hat man einen, fast jeder weiß, wo er hingehört. Im Winter bei Eis und Schnee und den ganzen Tag auf den Beinen war die kleine Bella mehr als erschöpft, Lydia und Thomas verzweifelt und auch Camillo verstört. Wahrscheinlich wird die kleine Dame nach diesem Vorfall mit einem GPS-Halsband ausgestattet.

## Das Innenleben einer Ledercouch

Habe ich eingangs beschrieben, wie brav meine drei Basenjis den Vormittag über alleine im Haus schlafen? So wurde ich gestern eines Besseren belehrt: Die Geschichte trägt wohl Cassandras „Handschrift". Mit Sicherheit kann ich es aber nicht sagen. Der Schreck war groß, als ich ins Haus kam und sofort die vielen Schaumstoff-Wuzerl am Boden sah. Die Lederpolsterauflage meines schönen Stressless-Sofas war hochgehoben, der Stoffbezug über der Innenpolsterung auf ca. 30 x 30 cm zerfetzt und die „Innereien ausgeweidet". Zum Glück war das Leder unbeschadet geblieben. Mir blieb nichts anderes übrig, als mal tief durchzuatmen, bis zehn zu zählen und erst mal was zu Mittag zu essen. Dann (ganz stolz auf mich, dass ich die Nerven bewahrt habe) machte ich erst mal einen langen Spaziergang mit den Basenjis, Hügel auf und Hügel ab, dass sie müde würden. Wieder zu Hause, musste

ich die ersten Spielminuten abwarten, da geht es gewöhnlich rund im Wohnzimmer, aber dann durfte ich mich an die Arbeit machen, den Schaumstoff wieder zurückstopfen, einen großen Flicken fein säuberlich auf die wunde Stelle nähen, die große Polsterauflage mit Lederpflege behandeln, denn Kratzspuren waren allemal ordentlich zu erkennen, und zu guter Letzt mit dem Staubsauger die restlichen Spuren beseitigen. Währenddessen schnarchte Cronos unter dem Kachelofen, Cassandra belästigte Enya, weil sie bei ihr kuscheln wollte, Enya keifte, weil sie das gerade mal nicht wollte, aber letztlich sind auch die beiden eingeschlafen, als ginge sie das alles nichts an.
Mir blieb nur zu hoffen, dass Basenjis keine Wiederholungstäter sind, sonst muss ich mir ernsthaft was überlegen. Cassandra hatte ich in ihrem ersten Lebensjahr mit im Büro, damit ich keine unliebsamen Überraschungen vorfinde, wenn ich heimkomme, und allen Welpen-Abnehmern erklärte ich die Notwendigkeit einer großen Haus-Box für die jungen Basenjis, in welcher sie sicher „aufbewahrt" werden könnten, wenn man mal zum Arzt oder zum Einkaufen muss. Nur ich, „die erfahrene Hundeführerin", habe die Haus-Box gut weggeräumt (schließlich war Cassandra ja schon zwei, Cronos acht und Enya sieben Jahre alt!).

**Frühstück verpfeffert**

Leider gibt es in unserer Gemeinde eine Dame, die im Winter glaubt, die Tiere füttern zu müssen, und an einigen Stellen in unserer geliebten Au (bestenfalls nur) Vogelfutter, aber auch hin und wieder Essensreste (vorwiegend montags) auslegt. Na ja, es sollte nicht Schlimmeres passieren – man hört und liest ja ständig von Giftködern! Basenjis haben bekanntlich eine gute Nase und, obwohl ich diese Stellen kenne und einen Bogen darum mache, passiert es, dass sie mir weglaufen und sich den Bauch mit Vogelfutter, Nudeln und Reis vollschlagen. Da erinnerte ich mich an einen Tipp unseres Welpen-Trainers, der uns erklärte, wie man den Hunden abgewöhnt, Kot zu fressen. Von da an hatte ich immer ein Säckchen Pfeffer in der Jackentasche und wartete nur noch darauf, dass die Gesellschaft auf Futtersuche ging. Es hat einige Wochen gedauert, da besagte Dame nicht sehr konsequent zu sein scheint, aber eines Morgens endlich waren sie wieder alle drei weg, da sauste ich hinterher und erwischte sie gerade im hastigen Fressen. Ordentlich Pfeffer über die köstlichen Nudeln gestreut, brachte die Basenjis ordentlich zum Niesen und Weiterlaufen. Ich musste diese Methode noch einige Male wiederholen, trotzdem überzeugt sich Cassandra heute noch oft, ob nicht vielleicht doch was Gutes für sie bereitliegt. Daher ist der Pfeffer immer noch in meiner Jackentasche. Ich kann mich schlecht beschweren, denn eigentlich ist es ja verboten, Hunde ohne Leine laufen zu lassen.

**Trächtigkeit, Geburt und Kinderstube**

Wie schon in der allgemeinen Rassebeschreibung erwähnt, werden Basenjis in der Regel nur einmal im Jahr läufig, und zwar im Herbst. Die sogenannten „Stehtage" erkennt der erfahrene Züchter an der Konsistenz des Blutes (zur heißen Zeit erscheint das Blut wässrig, fast rosa), kombiniert mit der Anzahl der Tage seit Beginn der Blutung. Hat man den Rüden im Haus, dann gibt es kaum Zweifel, denn der versucht innerhalb der heißen Zeit ernsthaft, die Hündin zu decken, nicht immer bietet sich die Hündin auch an, so wie meine Enya. Wenn es nach ihr gegangen wäre, hätten wir nie Welpen im Haus gehabt. Enya wurde vor ihren ersten beiden Trächtigkeiten am 14. Tag seit Beginn der Blutung, um die gleiche Tageszeit, gedeckt und hat fast auf die Stunde genau gleich lang getragen, das heißt, knapp 61 Tage. Sowohl die Stehperiode (ca. fünf Tage) als auch der Beginn der heißen Zeit variieren jedoch. Entschließt man sich zu einer AI (artificial insemination), künstlichen Befruchtung, sollte man den Hormonspiegel der Hündin vorher untersuchen lassen und die AI sicherheitshalber 48 Stunden nach der ersten wiederholen. Der Deckakt an sich ist für die Hündin sehr unangenehm, sogar schmerzhaft. Der Rüde umklammert die Hündin mit den Vorderpfoten. Nach dem Eindringen schwillt der Penis an, sodass eine Trennung der beiden nicht mehr oder nur durch Gewalt möglich wäre. Um Verletzungen der Genitalien zu verhindern, sollte man dabei bleiben, die Hündin in den Arm zu nehmen und zu versuchen, sie zu beruhigen. Das anschließende „Hängen" des Rüden an der Hündin, oft im rechten Winkel zueinander, dauert 20 – 40 Minuten oder auch länger. Durch das Hängen soll in der Natur verhindert werden, dass ein anderer Rüde nachdeckt. Hat die Hündin aufgenommen, trägt sie 60 – 63 Tage. Bis man Gewissheit hat, ob die Hündin trächtig ist, vergehen gut vier Wochen, dann könnte man beim Tierarzt eine Ultraschalluntersuchung machen lassen. Bei Enya habe ich in ihrer dritten Trächtigkeit darauf verzichtet. Vor dem Ultraschall werden die Bauchhaare rasiert, die während des Winters nicht mehr nachwachsen, und das macht die Haut der Hündinnen extrem empfindlich für den Milchtritt der Welpen. Enya hatte an Gewicht nie mehr als drei Kilo zugelegt, egal, ob sie drei oder fünf Welpen im Bauch hatte. Ab der fünften Trächtigkeitswoche wächst das Bäuchlein immer schneller und nach 45 Tagen wird die Hündin bequemer und bewegt sich ungern weit von zu Hause weg. Das war die Zeit, in der Enya uns morgens nicht mehr begleitete und ich sie leicht alleine zum Waldrand schicken konnte: Dort machte sie ihr Geschäft und war flugs wieder zurück, ohne nach vielleicht frischen Rehspuren zu suchen. Wenige Tage vor der Geburt wird die Wurfkiste aufgestellt und sogleich von der Hündin stundenweise „bewohnt". Wenn sie nachts anfängt zu scharren, weiß man, dass es bald so weit ist. In der Natur würde an geeigneter Stelle ein Loch gegraben, im Haus wird das Wurf- oder Nachtlager bearbeitet. Kurz vor dem Wurf sinkt die Körpertemperatur von normal 38,5 Grad auf ca. 36,5 Grad (bei nicht trächtigen Hunden würde man unter 37 Grad von Untertemperatur sprechen, welche als gefährliches Alarmzeichen z. B. für Vergiftung oder Schock betrachtet werden muss). Die Hündin wird unruhig und probiert mehrere Stellen aus, um letztlich an einem von ihr gewählten Ort zu werfen. Darauf kann man als Züchter nur bedingt Einfluss nehmen. Enya „bestand" darauf, dass ich ab den Eröffnungswehen in ihrem Wurflager sitze, ich machte es uns so bequem wie möglich, Cronos musste sich gedulden und mit dem Gassigehen lange warten. Adina, die Erstgeborene, purzelte nach einigen Presswehen, gut verpackt in der Eihaut, begleitet von Enyas herzzerreißendem Schrei heraus. Da Enya nicht gleich kapierte, was da jetzt passiert ist, habe ich das kleine Bündel vorsichtig aus der Eihaut geschält und Enya zum Trockenlecken vorgelegt. Danach lief alles genau nach Plan, sofort wurde die nahrhafte Nachgeburt aufgefressen und Adina suchte nach den Zitzen. In der Regel kommen die Welpen im Abstand von 20 bis 30 Minuten auf die Welt, dieses Intervall benötigt die Hündin, um den Welpen sauber zu lecken, die Nachgeburt zu fressen und Kraft zu schöpfen für die nächste Presswehe, die immer mit Geräuschen, die an ein Meckern von Ziegen erinnern, einhergehen. Es kam auch schon vor, dass ein Welpe quer im Geburtskanal lag. Dann habe ich durch sanftes Massieren des Muttermundes und schließlich mit zwei Fingern vorsichtig probiert, den Welpen zu drehen und ihm auf die Welt zu helfen. Eine Pause von ein bis zwei Stunden zwischen zwei Welpen ist völlig normal. Von einem Geburtsstillstand spricht man aber erst nach 12 Stunden. Durch Abtasten des Bäuchleins merkt man, ob noch ein Welpe zu erwarten ist. Der Ultraschall zeigt meist nicht die genaue Anzahl an zu erwartenden Babys. Da die Hündin oft, von Nachwehen geplagt, 24 Stunden nach Ende der Geburt noch Klagelaute von sich gibt, habe ich das Wurflager in den ersten Nächten neben mein Bett gestellt. Müssen viele Nachgeburten gefressen werden, kann es in den beiden Folgetagen zu Durchfall kommen und die Hündin muss auch nachts ins Freie. Die Kleinen sind anfangs etwas ungeschickt, verlieren leicht die Zitzen der Mutter, so war es für mich beruhigender, nachts alle in meiner Nähe zu wissen. Zur Rolle des Rüden (welcher nicht unbedingt auch der Vater sein muss) sei zu erwähnen, dass er in den ersten 48 Stunden bei der Geburt mithelfen darf, das heißt beim Trocknen der Welpen und Versorgen der Hündin. Es kann passieren, dass der Rüde, wie in der Natur vorgesehen, seiner Hündin Futter hervorwürgt, um sie zu ernähren. Er bewacht das Wurflager, was in der Natur lebensnotwendig ist, da die Hündin zu Beginn nicht in der Lage ist, ihre Kinder zu verteidigen. Spätestens nach zwei Tagen darf der Rüde nicht einmal ein „Auge" auf die Welpen riskieren, schon kommt die Hündin angeschossen und beißt ihn weg. Auch das hat seinen Sinn, denn oft werden Welpen von männlichen Rudeltieren beseitigt, um die Weibchen möglichst bald wieder geschlechtsbereit zu machen. Erst wenn die Welpen das Wurflager für einige Minuten am Tag verlassen dürfen, darf der Rüde zu ihnen, das Wurflager, in den meisten Fällen die Wurfkiste, bleibt jedoch für den Rüden weiterhin tabu. Bei Enya war es sogar so, dass nicht einmal andere Menschen in ihr Lager schauen, geschweige denn einen Welpen anfassen durften. Ich war die Ausnahme, denn mir brachte sie uneingeschränktes Vertrauen entgegen, akzeptierte vorbehaltlos jede Aktivität wie tägliches Abwiegen oder später das Nägelschneiden.

Anfangs beobachtete ich sehr genau, ob alle Welpen regelmäßig trinken und zunehmen. Nach einer Woche sollten sie ihr Geburtsgewicht verdoppelt, nach zwei Wochen verdreifacht haben. In den ersten vier Lebenswochen, das heißt in der Regel bis zur Zu-Fütterung, übernimmt die Hündin selbstständig die Pflege der Welpen und Reinigung des Wurflagers. Durch Zungenmassage lösen sich die Kleinen von Kot und Urin, was sofort von der Hündin aufgeschleckt wird. Die Welpen regen durch den sogenannten Milchtritt den Milchfluss an. Daher musste ich sehr genau darauf achten, wann die Nägelchen zu lang sind, diese haben kleine Widerhaken und verletzten die zarte Haut und Brustwarzen der Hündin. Ab dem 13. Tag werden die Äuglein geöffnet, die Öhrchen hängen bis zum Alter von sechs oder sieben Wochen. Die Schwänzchen ringeln sich erst gegen Ende der achten Woche. Ich habe alle unsere Welpen nach Vollendung der vierten Lebenswoche langsam an feste Nahrung gewöhnt, ihnen das gleiche Futter wie den Eltern, jedoch fein püriert, aber auch Welpen-Trockenfutter angeboten. Ich wollte, dass die Kleinen an alles gewöhnt sind, wenn sie aus dem Haus gehen. Enya hat alle ihre Kinder bis zum letzten Tag in unserem Haus gesäugt, wann immer sie wollten, aber mit Beginn der festen Zusatznahrung machte sie die Häufchen nicht mehr weg. So habe ich versucht, die „Gesellschaft" mindestens fünfmal am Tag (auch nachts) in den Garten zu transportieren, damit sie dort ihr Geschäft machten. Das Ergebnis von all diesen Mühen war, dass die Kleinen bei Abgabe fast stubenrein waren. Leider kennen die Babys in den ersten Wochen keinen Unterschied zwischen Tag und Nacht und ich musste immer ein- bis zweimal nachts aufstehen und alle in den Garten stecken. Sie waren allerdings immer sehr schnell mit ihrem „Geschäft" und froh, wenn sie wieder ins Warme durften. An schönen sonnigen Tagen dehnte ich den „Freigang" aus, auch das Toben im Schnee hat den Wintergeborenen gut gefallen.

Die ersten zwei Lebenswochen bezeichnet man als vegetative Phase, in welcher der Welpe genetisch fixierte Verhaltensweisen zeigt. Verliert er z. B. den Körperkontakt, reagiert er mit einem Schrei. Die Reaktion der Hündin auf den typisch quäkenden Schrei ist ebenfalls angeboren. Der Milchtritt ist ein weiterer wichtiger Reflex. Er dient dazu, das Gesäuge der Mutter zu stimulieren. Indem sich der Welpe mit den Vorderbeinchen abstemmt, bekommt er genug Luft zum Saugen (vgl. Martin Rütter, Sprachkurs Hund, Kapitel: vom Welpen zum Hund, Kosmos Verlag). Nach Abschluss der vegetativen Phase, also zu Beginn der dritten Lebenswoche, öffnen sich die Ohrkanäle und die Augen des Welpen. Man spricht von der Prägungsphase. Diese dauert ungefähr bis zum Ende der achten Lebenswoche. In dieser Zeit wird der Welpe bereits auf ein selbstständiges Leben vorbereitet, also auch vom Züchter möglichst in seinem Sozialverhalten gefördert, damit er lernt, auf welches Verhalten welche Reaktion folgt. Der Züchter kann nun viel zur Entwicklung beitragen, indem er den Welpen mit möglichst vielen Umwelteinflüssen, wie Geräuschen, Gerüchen, Menschen aller Altersgruppen, Nahrung und auch Stressfaktoren (Autofahrten und Tierarztbesuche), konfrontiert.

Nach Abschluss der Prägungsphase beginnt die Bindungsphase. Das ist der geeignete Zeitpunkt, um in das neue Zuhause zu siedeln. Der Züchter wird den erhöhten Ansprüchen eines jeden Welpen nicht mehr gerecht, außerdem entwickelt der Welpe in diesem Alter seine Bindung an den Menschen, und das sollte nicht der Züchter sein. Nach der Welpenzeit sind die Elterntiere, besonders die Mutter, ausgelaugt und genervt und ich hatte noch jedes Mal den Eindruck, dass Enya und Cronos froh waren, wenn alle aus dem Haus und wir wieder unter uns waren. Obwohl Enya sicher 14 Tage lang, immer nach dem Spaziergang, weinend ihre Kinder gesucht hat. Dies kündigte sich schon ab einem Kilometer vor der Haustür an, indem sie plötzlich immer schneller wurde, an der Leine zerrte und nicht schnell genug ins Haus kommen konnte. Das war wohl noch so in ihr, dass sie nach dem Gassigehen sich an ihre Jungen erinnerte, die gesäugt werden wollten. Das Wimmern hat aber nie lange gedauert, mit Futter war sie gut abzulenken, und nach zwei Woche war es auch gut. Enya wurde wieder zum verspielten fröhlichen Mädchen und, wenn die Welpen zu Besuch kamen, wurde erst gekeift und zurechtgewiesen und danach gespielt, als wäre sie selbst noch ein Welpe. Ebenso wurde Cronos während der Welpenzeit wieder ein Junghund und genehmigte seinen Kindern eine Stunde am Tag, in der sie ihn belästigen durften, und dann „flogen (sprichwörtlich) die Fetzen" im Haus.

## Drei Jungs und ein Mädchen im Hause AMATO PAOLO

(Ein Beitrag für eine Ausgabe des „Haubenöhrchen Kuriers", Z.U.L.U. – Züchter und Liebhaber des afrikanischen Urhundes, 2013)

Am 13. Dezember 2012, pünktlich am 63. Tag, ist Old Legend's Enya nach Old Legend's Cronos zum dritten Mal Mama geworden und hat uns vier schwarze Engelchen geschenkt. Nach einer sehr unruhigen Nacht mit Kratzen und Scharren setzten die Eröffnungswehen ein, Enya wechselte mehrmals das Lager, wanderte von ihrem Bettchen zur Wurfkiste und wieder zurück, bis sie sich schließlich für Cronos' Bettchen zum Werfen entschied. Camillo war um 6:19 Uhr mit 275 g der Erste, er war noch nicht abgenabelt, habe ich ihm wegen seiner weißen Halskrause schon den Namen gegeben. Cupido, fast vollkommen schwarz, eben gerade das für Basenji notwendigste Weiß im Haarkleid, kam mit 293 g nur 17 Minuten später zur Welt. Papa Cronos hat sich rührend um Mama Enya und Söhne gekümmert, durfte die Neugeborenen trocken lecken und hat auch das Wurflager sauber gehalten. Dann legte Enya eine eineinhalbstündige Erholungspause ein, um schließlich ganz leise im Liegen Cassandra (260 g) und Camino (285 g) unmittelbar hintereinander auf die Welt zu bringen. Für mich war das Ende der Geburt gut zu erkennen, da Enya sich vollkommen entspannt den weichen Bauch untersuchen ließ. Unheimlich glücklich über vier gesunde, kräftige Welpen transportierte ich die kleine Familie in die geräumige Wurfkiste, wo alle von Beginn an mit großem Appetit bei Mama zu saugen begannen. Ein einzigartiger Wurf in mehrfacher Hinsicht: In diesem Winter gab es nur unsere vier Österreicher, alle sind schwarz-weiß aus s/w – r/w Verpaarung, und Camino hat diesen wunderschönen seltenen Ridge am Rücken, den ich sofort nach der Geburt mit Vergnügen erkannte. Für mich war von Anfang an klar, dass ich eine Hündin aus dieser Verpaarung behalten werde, Cassandra war also für mich geboren.

Die Kleinen legten rapide an Gewicht zu, wurden schnell kräftig und mobil, sodass ich nach den ersten vier ruhigen Wochen meinen Welpen-Aufzucht-Urlaub antreten musste. Das halbe Erdgeschoss mit Wintergarten und Terrasse war welpensicher gemacht. Die Kleinen konnten fast ohne Einschränkung im Haus toben. Den beiden Großen war ein Rückzugsgebiet jenseits der Barrikaden zugedacht. Von Beginn der fünften Woche gewöhnte ich die Welpen an feste Nahrung, was Enya vom Säugen nicht abhielt, bis sie im Alter von gut acht Wochen das Haus verließen. Ab der Zufütterung machte Enya ihre Jungen nicht mehr allein sauber und ich versuchte, die viermal fünf Häufchen pro Tag weitgehend in den Garten zu „verlagern" (was mir ganz gut gelungen ist). Sogar bei Schnee stapften die kleinen Basenjis tapfer auf die Terrasse, um ihr Geschäftchen zu machen.

Cronos übernahm nicht nur die tägliche Spielstunde, sondern auch die Erziehung seiner vier Kinder, was für Besucher oft erschreckend anmutete, war notwendige Erfahrung für die kleinen Wilden.

Erst im Welpenalter von fünf Wochen standen die zukünftigen Basenji-Eltern fest. Davor wechselten Zusagen und Absagen einander ab und bereiteten mir einiges „Bauchweh". Im Nachhinein kann ich sagen, dass wir wieder einmal Riesenglück mit unseren Abnehmern, viele Freunde dazugewonnen und Pläne für gemeinsame Unternehmungen geschmiedet hatten. Cassandra blieb im

Haus, damit wurde Enya und mir der Trennungsschmerz gemildert.

## Nachwort und Dank

Dieses Buch habe ich aus mehreren Beweggründen geschrieben:
- Um mich immer zu erinnern,
- mein seit 2007 gesammeltes Wissen und meine Erfahrung an Freunde, Interessierte und angehende Züchter weiterzugeben,
- für meine Eltern, denen ich versprochen habe, zeitlebens auch für Boreas die Verantwortung mitzutragen,
- weil ich noch kein deutschsprachiges Buch über Basenjis im Handel gefunden habe,
- und weil ich eine unterhaltsame Lektüre für Liebhaber dieser außergewöhnlichen Rasse erschaffen wollte.

Mein Dank gilt:
- In erster Linie meinem Sohn, Paul. Ohne ihn, mit seiner schweren Krankheit, wären wir nie auf den Basenji gekommen;
- Johann Leitner, für seine geduldige Korrektur und kritischen Anmerkungen zu meinem laienhaften Stil;
- sowie meinen Freunden und Verwandten, die mich in meinem Vorhaben stärkten.

Karin Gether, 2015

Cronos kuschelt mit seiner 10 Wochen alten Enya

Ein Ausflug auf die Alm ist (Basenji-)Lebensqualität

Belladonna ist noch zu jung für die weiten Strecken

Basenjis sind Kletterkünstler

Enya

Cronos und Enya

Boreas  Cronos

In den heißen Sommerwochen kühlt selbst
Cronos gerne seinen Bauch

Das Schwimmen muss man ihnen nicht erst beibringen (Belcanto)

Disziplin bei der Futterverteilung (Boreas, Enya und Cronos v. li n. re)

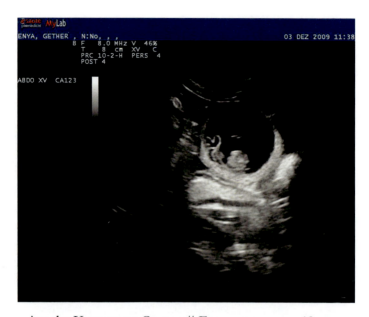

Aus der Verpaarung Cronos # Enya entstammen 12 wunderbare Kinder

A-Wurf *1.1.2010

B-Wurf *24.12.2010

In den ersten 24 Stunden nach der Geburt darf der Papa helfen

C-Wurf * 13.12.2012

Cupido

Boreas macht sich gut als Welpen-Onkel

Cronos übernimmt das Spielen, aber auch die Erziehung seiner Kinder

Enya säugt geduldig, solange die Welpen bei uns im Haus sind, ist dankbar für jede Hilfestellung (li)

Basenji-Pfoten unterscheiden sich von anderen Hunde-Pfoten durch die zusammengewachsenen beiden mittleren Zehen (re)